Fabian Kendzia und Lorenz Ritter

RICHTIG®
FALSCH
arbeiten

6 **Richtig falsch führen**
Die Kunst der Mitarbeiterdemotivation.

30 **Richtig falsch zusammenarbeiten**
Wie man Kollegen zur Weißglut treibt.

56 **Richtig falsch Karriere machen**
So stehen Sie sich am effizientesten selbst im Weg.

74 **Richtig falsch Projekte steuern**
Wenig planen, nichts erreichen.

96 **Richtig falsch mit Kunden umgehen**
Geht nicht gibt's.

118 **Richtig falsch mit Vorgesetzten umgehen**
Chef, was machen Sie eigentlich beruflich?

Vorwort

Liebe Leserin, lieber Leser,

es gibt genau vier mögliche Gründe, warum Sie dieses Büchlein in den Händen halten.

Entweder gehören Sie zur Spezies Mensch, die möglichst wenig Fehler machen will und deshalb nach Ratgebern sucht, die helfen, ebensolche zu vermeiden. „Richtig FALSCH arbeiten" ist so ein Ratgeber. Er illustriert anschaulich die 50 Kardinalfehler in Sachen Kollegialität, Führungsqualität und Anstand im Allgemeinen. Befolgen Sie einfach das Gegenteil und Sie kommen fehlerfrei durchs Arbeitsleben.

Die zweite Möglichkeit ist, dass Sie Dinge ganz bewusst richtig falsch machen wollen. Einfach weil Sie ein Mensch von zweifelhaftem Charakter sind. Oder schlicht ein Sadist. Dann werden Sie in diesem Ratgeber viel Inspirierendes finden. Erleben Sie, wie einfach es ist, richtig falsch zu arbeiten. Und wie viel Spaß es machen kann.

Die dritte Möglichkeit: Sie haben dieses Buch von Leuten geschenkt bekommen, die nicht wussten, was sie Ihnen schenken sollen. Da aber fast jeder die hier beschriebenen Verhaltensweisen aus dem eigenen Arbeitsalltag kennt (natürlich nur von anderen), dachten diese Leute, das könnte ja ganz lustig sein. Sie liegen nicht falsch: Selbst ein friedfertiger, integrer und umgänglicher Kollege wie Sie kann dieses Büchlein mit Gewinn lesen. Zum Beispiel wenn Sie die zickige Schmidtke aus dem Vertrieb in diesen Regeln wiedererkennen. Oder Lehmann, die Pfeife, den Sie zum Glück gemeinschaftlich rausgemobbt haben.

Viertens und schlussendlich gibt es natürlich noch die Möglichkeit, dass das Geschenk ein Wink mit dem Zaunpfahl ist, weil Ihre Freunde Sie für einen Menschen von zweifelhaftem Charakter halten. Oder schlicht für einen Sadisten. In diesem Fall kann man nur sagen: Schön, dass Sie so ehrliche Freunde haben! Auch weil wir von diesem Ratgeber sonst ein Exemplar weniger verkauft hätten. Und das kann ja auch keiner wollen.

Fabian Kendzia und Lorenz Ritter im Mai 2019

Kapitel 1

Richtig falsch führen

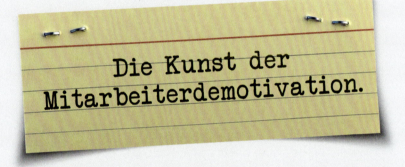
Die Kunst der Mitarbeiterdemotivation.

Einleitung

Managementprofis sind sich einig: Um richtig zu führen, brauchen Sie bestimmte Fähigkeiten, die man alle erlernen kann. Souveränes persönliches Auftreten gehört dazu, Eigeninitiative, Ziel- und Ergebnisorientierung, gute Kommunikations-, Team- und Begeisterungsfähigkeit, aber auch konstruktives Konfliktmanagement und emotionale Intelligenz. Die gute Nachricht: Richtig falsch führt es sich ohne all das wesentlich besser. Machen Sie sich insofern keine unnötige Mühe. Werden Sie einfach Chef und gucken Sie mal, wo Sie so hinführen!

Chempeln Sie!

Chempeln ist eine der Kerndisziplinen der Mitarbeiterdemotivation. Der Chempel ist eine Kreuzung aus Chef und Kumpel. Um erfolgreich zu chempeln, lassen Sie sich einfach von der Angst leiten, nicht gemocht zu werden. Verwenden Sie alle Energie darauf, für Superstimmung zu sorgen. Witzeln Sie unangenehme Themen konsequent weg und verbrüdern Sie sich beim Feierabendbier zuverlässig mit jedem (auch und gerade mit jenen, denen es unangenehm zu sein scheint). Sobald Sie aber in Bedrängnis geraten, schalten Sie einfach ansatzlos in den autoritären Modus. Wir sind ja schließlich nicht zum Spaß hier.

Viel versprechend führen.

Bitte nicht mit vielversprechend verwechseln. Versprechen Sie einfach viel! Jedem Mitarbeiter genau das, was er gern möchte. Auch und vor allem, wenn er gar nichts fordert. Mehr Geld, ein eigenes Büro, den nächsten Karriereschritt – der Fantasie sind keine Grenzen gesetzt. Wichtig: Lösen Sie Ihre Versprechen nie ein! Entweder indem Sie nie wieder drüber reden und weiterführende Meetings jeweils kurz vorm Termin absagen. Oder indem Sie möglichst billige Ausreden vorschieben („Mir sind die Hände gebunden.", „Ich würde ja, aber die GF weigert sich.", „Ach, ein eigenes Büro? Das hatte ich anders verstanden.").

Entscheiden Sie sich!
Und zwar immer wieder um.

Richtiges Führen hat viel mit Berechenbarkeit zu tun. Richtig falsches Führen mit dem Gegenteil. Inhaltliche Entscheidungen, Vereinbarungen, Zusagen, Regeln – unterwerfen Sie alles, was Ihren Mitarbeitern das Arbeiten und Planen erleichtert, Ihrem persönlichen Change Management: Entscheiden Sie sich einfach ständig um und alles neu! Vergessen Sie, was Sie entschieden haben, und falls sich jemand anderes daran erinnert, behaupten Sie, dass das nie und nimmer Ihre Entscheidung war! Binnen Kurzem weiß niemand mehr, woran er ist, und Sie können zuschauen, wie die Motivation in den Keller geht. Allerdings nicht zum Lachen.

Gruß aus der Gerüchteküche.

Jeder Mitarbeiter hat das Recht, informiert zu werden. Und natürlich ist auch ein Gerücht eine Information. Also teilen Sie Ihrer Abteilung ruhig mal mit, dass sie angeblich mit einer anderen zusammengelegt wird. Oder wahlweise dichtgemacht. Schließlich haben Sie mit einem halben Ohr mitbekommen, wie der Aufsichtsrat neulich im Fahrstuhl irgendwas von Zusammenlegen gesagt hat. Möglicherweise ging es dabei auch nur um Budgets für Zukunftsprojekte, aber man weiß ja nie. Zumindest bis das Gerücht aus der Welt ist, wird die Produktivität Ihrer Abteilung stark sinken.

Alles Gute kommt von Ihnen.

Erfolgreiche Projekte geben allen Beteiligten einen Motivationsschub. Hier ist die Kunst des Demotivierens natürlich besonders gefragt. Es ist eigentlich simpel: Erwähnen Sie bei erfolgreichen Projekten Ihren Chefs gegenüber niemanden, der daran beteiligt war. Außer sich selbst. Nehmen Sie großzügig alles auf Ihre Kappe. Schließlich stellt sich ein guter Vorgesetzter vor seine Angestellten. Sobald Ihre Mitarbeiter Wind davon bekommen (zum Beispiel weil der Vorstand Sie auf der Betriebsversammlung namentlich erwähnt und über den grünen Klee lobt), hagelt es innere Kündigungen.

Kernkompetenz Kritikunfähigkeit.

Bitten Sie Ihre Mitarbeiter stets um Offenheit und Dialog. „Wenn euch was nicht passt, sagt es mir bitte." So ermutigt, wird es sich der eine oder andere nicht nehmen lassen, tatsächlich den Mund aufzumachen. Reagieren Sie dann auf die einzig wahre Art und Weise: wie ein Zwölfjähriger. Das heißt: Seien Sie persönlich beleidigt, schalten Sie in den Verteidigungsmodus, rechtfertigen Sie sich in eine Sackgasse und gehen Sie schließlich zum Gegenangriff über. Spätestens beim Satz „Ja, aber Sie haben doch auch …!", werden Sie etwas zerbrechen hören: Es ist die Motivation Ihres Gegenübers.

Das Mitarbeitergespräch: Bitte nicht zuhören!

Die Regel ist einfach: Einer ist der Mitarbeiter. Einer führt das Gespräch. Nämlich Sie. Wenn Sie Mitarbeitergespräche auf diese Art gestalten, werden immer weniger Mitarbeiter Interesse daran haben, eines einzufordern. Damit das gelingt, lassen Sie Ihren eigenen Gesprächsanteil nie unter 90 Prozent sinken. Nehmen Sie jede Äußerung Ihres Gegenübers auf und machen Sie sie zu Ihrem Thema. Versucht Ihr Mitarbeiter seinerseits beharrlich, das Heft in die Hand zu nehmen, begeben Sie sich einfach ins Anekdotische und erzählen Sie aus Ihrer erfahrungsreichen Karriere. Oder wahlweise von Ihrem Hobby.

"Was machst du?"

MITARBEITERGESPRÄCH

Interesse heucheln vs. echtes Desinteresse.

Manchmal macht es einem der Fortschritt leicht. Musste man früher noch Papier und Stift mit in jedes Mitarbeitergespräch nehmen, um sein Desinteresse durch Strichmännchenkrickeln oder fachgerechte Demontage des Kugelschreibers auszudrücken, können Sie sich heute einfach permanent mit Ihrem Smartphone beschäftigen – vom Immer-mal-wieder-Draufschielen bis zum spontanen Beantworten einer Textnachricht („Momentchen mal eben, sorry!"), gern auch mit einem unterdrückten Kichern beim Tippen. Wirkt in Sachen Demotivation Wunder.

Zielvereinbarungen – viel fordern, noch mehr vergessen.

Jeder Mitarbeiter wird in seinem Personalgespräch irgendwann aufs Finanzielle kommen. Dann ist die Kunst des Herumlavierens gefragt. Gestehen Sie dem Mitarbeiter generell zwar mehr Geld zu, aber knüpfen Sie diese Zusage an Bedingungen, die mehr oder weniger unerreichbar sind. Zumindest innerhalb eines Jahres. Diese an sich schon kuriosen Zielvereinbarungen halten Sie im Protokoll fest, Ihrem Mitarbeiter versprechen Sie eine Abschrift. Sollte er Ihre Bedingungen wider Erwarten doch erfüllt haben, leugnen Sie einfach, dass irgendwas Derartiges besprochen wurde. Was Ihnen nicht schwerfällt. Sie haben es ja wirklich vergessen. Und die Abschrift des Protokolls natürlich auch. Tadellos.

Mut zur Nebelbombe.

„Wie soll ich wissen, was ich denke, bevor ich höre, was ich sage?" Nach diesem Prinzip sollten Sie grundsätzlich jedes Mitarbeitergespräch führen. Das Wichtigste dafür ist, dass Sie sich nicht vorbereiten. Alles, was Sie Ihrem Gegenüber für das kommende Jahr mitgeben, von ihm fordern oder mit ihm vereinbaren, entwickeln Sie einfach beim Reden. Das hat den Vorteil, dass Sie Ihrem Gegenüber wertvolle Redezeit wegmonologisieren. Außerdem wird es bei zunehmender Rededauer nicht nur für Sie selbst immer schwieriger, Ihrem Redefluss zu folgen, sondern auch für Ihren Gesprächspartner. Das Ergebnis: ein angenehm schwammiges Gespräch, bei dem am Ende keiner weiß, was eigentlich gesagt wurde. Demotivatorisch gesehen nur schwer zu überbieten.

Management by Herumschlendern.

Eine subtile, aber nicht minder wirkungsvolle Methode der Mitarbeiterdemotivation. Kernstück: mit Mitarbeitern reden. Und zwar immer genau dann, wenn es denen nicht passt. Aber Ihnen. Dafür schlendern Sie von Schreibtisch zu Schreibtisch, schauen mal hier ins Büro oder mal dort in die Produktion. Überall nötigen Sie Ihren Leuten ein Schwätzchen auf. Genauer: Sie schwatzen, die Mitarbeiter müssen zuhören. Das Gute daran: Sie stehlen Ihren Mitarbeitern wertvolle Arbeitszeit, die diese zur Erledigung ihrer Arbeit benötigen. Wird die aufgrund der Zwangspausen nicht geschafft, hagelt es Kritik. Natürlich von Ihnen. Richtig falsch führen ohne Wenn und Aber.

Kapitel 2

Richtig falsch zusammenarbeiten

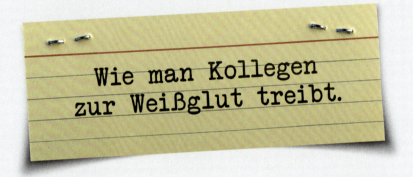

Wie man Kollegen zur Weißglut treibt.

Einleitung

Ganz gleich, in welchem Beruf und mit wie vielen Kollegen: Grundsätzlich ist es ganz leicht, richtig falsch zusammenzuarbeiten. Sie müssen lediglich das Wörtchen „zusammen" aus Ihrem Kopf streichen. Den maximalen Effekt erreichen Sie allerdings nur, wenn Sie nicht einfach plump unkollegial sind. Das kann schließlich jeder. Hintertreiben Sie die tägliche Zusammenarbeit lieber so feinsinnig, dass Ihnen eigentlich niemand einen Vorwurf machen kann. Als Faustregel gilt: je perfider, desto Weißglut. Alles was Sie dazu brauchen, ist ein feines Gespür für Konfliktpotenziale, etwas Übung und die folgenden Tipps.

Hilfe anbieten statt helfen.

Kniffliges Projekt, drohende Abgabetermine oder ein bis auf den Gehweg gefülltes Ladengeschäft: Bieten Sie überlasteten Kollegen grundsätzlich Hilfe an. Um dann nur noch kurz was erledigen zu müssen und sich anschließend nicht mehr blicken zu lassen. Ist der Druck dann vorbei, entschuldigen Sie sich und fragen besorgt nach, ob denn alles gut gegangen ist. Eine hochwirksame Mischung aus geheuchelter Fürsorge und nachlässig versteckter Drückebergerei, die dazu führt, dass Sie nichts tun müssen und keiner was dagegen sagen kann. Irgendwann fällt das natürlich auf, vor allem, wenn es immer die gleichen Kollegen trifft. Wenden Sie diese Taktik also eher sparsam an. Die etwas glanzlosere Alternative: Hilfe gar nicht erst anbieten.

Mut zum Geräusch.

Um Kollegen nachhaltig zu irritieren, lassen Sie öfter mal was von sich hören. Zum Beispiel ungenierte Kaugeräusche hinter dem Rechner, holpriges Mittrommeln Ihrer Prog-Rock-Playlist, permanente Selbstgespräche („So, okay, das haben wir dann jetzt …. Hmmm. Mal sehen. Hm. Hm. Hm.") oder bei entsprechender Multitasking-Begabung eine Kombination aus allem. Die Kunst ist herauszufinden, wem was auf die Nerven geht. Und es konsequent im Alltag anzuwenden. Je empathischer Sie auf die individuellen Empfindlichkeiten Ihrer Kollegen eingehen, desto größer der Effekt.

Arbeit ist, wenn's alle mitkriegen.

Lassen Sie Ihre Kollegen fortlaufend daran teilhaben, dass Sie mehr arbeiten als alle anderen. Nicht indem sie besonders effizient sind, sondern besonders laut. Die anderen machen ihre Arbeit, Sie machen Radau. Sie tippen nicht auf Ihrer Tastatur, Sie dreschen drauf ein. Sie besprechen alles Wichtige (und Unwichtige) ausführlich dort, wo andere in Ruhe arbeiten wollen. Und wenn Sie mit Kunden oder Lieferanten telefonieren, sprechen Sie so, dass es alle anderen mithören müssen. Weil Sie den Lautsprecher eingeschaltet haben. Die ungeteilte Aufmerksamkeit der Kollegen ist Ihnen sicher. Und ihre Abneigung auch.

Im Team spielen.
Und zwar falsch.

Teamwork sorgt – richtig falsch verstanden – für erstaunlich ergiebige Missstimmung. Stellen Sie einfach sorgfältig das richtige Team für Ihre Aufgabe zusammen. Begeistern Sie die Mitglieder für die Herausforderung. Sprechen Sie minutiös die Aufgaben jedes Einzelnen ab und legen Sie einen vernünftigen, realistischen Zeitplan fest. Gehen Sie dann an die Arbeit: Werfen Sie alles über den Haufen, lösen Sie die Aufgabe allein und präsentieren Sie es direkt Ihrem Chef. Natürlich allein. Wenn Sie von ihm grünes Licht bekommen, teilen Sie das Ihrem Team mit. Aber erst sechs Wochen später. Erfolg geerntet. Verdruss gesät.

Einfach mal die Klappe halten.

Verschwiegenheit – richtig verstanden – ist eine Tugend. Richtig falsch verstanden ist sie pures Gold. Die Kunst ist, einfach alles für sich zu behalten, was wichtig für alle anderen wäre: geänderte Termine, geänderte Strategien, geänderte Arbeitsverhältnisse („Oh, was machst du denn noch hier?"). Und wenn Sie nur über den kleinen Umtrunk im dritten Stock absolutes Stillschweigen wahren. Das sorgt sogar für doppelten Verdruss: Die im dritten Stock ärgern sich über das Fernbleiben Ihrer Abteilung, die ihrerseits hinter der scheinbar ausgebliebenen Einladung einen persönlichen Affront vermutet. Nichts passiert, alle beleidigt. Besser geht's nicht.

FEUER!

Einfach mal
nicht die Klappe halten.

So wichtig Verschwiegenheit bei Themen ist, die alle angehen, so essenziell ist Redseligkeit für den richtig falschen Umgang mit vertraulichen Informationen. Der geplante Firmenverkauf, das Verhältnis, das die Kahnke mit dem Bernbeck hat: Blasen Sie alles in die Welt hinaus, was Ihnen im Vertrauen zugetragen wurde! Den Effekt können Sie selbst aussteuern: Geben Sie sich ganz offen als undichte Stelle zu erkennen, richtet sich der allgemeine Zorn gegen Sie. Bleiben Sie im Hintergrund und streuen einfach nur geschickt Gerüchte, schaffen Sie eine Atmosphäre schleichend-irreparablen Misstrauens. Mehr kann man nicht verlangen.

Innovationen beschussfähig machen.

Es gibt Kollegen, die für alles Neue brennen. Neue Technologien, neue Arbeitsformen, neue Ladenkonzepte. Oft kann es diesen Kollegen mit Innovationen nicht schnell genug gehen. Die richtig falsche Reaktion auf diese Form von Elan und Gestaltungswillen: Rauben Sie den Turbokollegen die Energie! Zum Beispiel, indem Sie proaktiv Meetings zum Thema ansetzen und dort alles zerreden. Oder indem Sie recherchieren, welche Fallstricke und Probleme es beim Umsetzen der Idee geben könnte, und das in einer freundlichen Mail an alle teilen („Ein paar interessante Insights zu unserem Projekt. LG"). Regelmäßig zwei, drei gezielte Torpedos dieser Art und alles bleibt beim Alten. Für immer.

Lebenslanges Lernen. Von Ihnen.

Gehen Sie immer davon aus, dass niemand so viel Fachwissen hat wie Sie. Schon gar nicht die Kollegen in Ihrer eigenen Abteilung. Deshalb lassen Sie alle an Ihrem Wissen teilhaben. Möglichst unaufgefordert. Wichtig ist dabei, dass Ihre Ausführungen langatmig sind und dass Sie den richtigen Ton treffen: Wenn Sie stets leicht von oben herab in die Kollegen hineinmonologisieren, werden diese denken, dass Sie wirklich ausnahmslos alle für ahnungslose Trottel halten. Was, seien wir ehrlich, ja auch irgendwie stimmt.

Besser als Wissen: Besserwissen.

Projektmanagement, Kundenkontakt, Reparatur des Druckers – all das sollten Sie zu Ihrer persönlichen Sache machen. Vor allem wenn Sie eigentlich überhaupt nichts damit zu tun haben. Dabei geht es nicht darum, dass Sie auf allen Feldern einen aktiven und sinnvollen Beitrag leisten, sondern darum, nichts unkommentiert zu lassen. Hängen Sie sich überall rein, haben Sie zu allem, was Ihre Kollegen tun, eine Meinung und wissen Sie sehr, sehr vieles sehr, sehr viel besser. Bleibt darüber vielleicht die eigene Arbeit liegen – perfekt. Richtig falscher geht es nicht.

Das Ich-bin-schon-da-Prinzip.

Flößen Sie Ihren Kollegen ein schlechtes Gewissen ein, indem Sie einfach immer schon da sind. Kommen Sie dafür morgens ein paar Minütchen vor allen anderen und bleiben Sie abends ein paar Minütchen länger. Ihre Kollegen werden das Gefühl haben, dass Sie wahnsinnig viel arbeiten. Die Königsdisziplin ist, diese Illusion langfristig bei Ihren Vorgesetzten aufrechtzuerhalten, während alle anderen längst ahnen, dass Sie nichts tun, außer früher da zu sein. Nutzen Sie zu diesem Zweck regelmäßig den Textbaustein „Nachher, wenn ihr da seid …" beziehungsweise „Leider wart ihr gestern schon weg …". In Mails, auf Post-its und in persönlichen Gesprächen vor der ganzen Mannschaft. Schlechte Laune garantiert.

Ich @ cc alle.

Richtig ist, wichtige Informationen allen relevanten Beteiligten zukommen zu lassen. Richtig falsch ist, unwichtige Informationen allen zukommen zu lassen, die für Ihre Karriere relevant sind. Egal, ob der Versand einer Mail um 0:30 Uhr („Noch schnell das Dokument fertig gemacht."), der Hinweis auf einen kleinen Abrechnungsfehler eines Kollegen („Kann ja mal passieren. LG") oder kurze Updates zu anderen Unzulänglichkeiten („Hab das Lager noch schnell aufgeräumt, war ein bisschen Chaos."): Setzen Sie bei all dem möglichst viele Menschen in cc, die wissen sollten, was für eine Granate Sie sind! Das führt in der Regel dazu, dass Sie nicht als wertvoller Mitarbeiter wahrgenommen werden. Sondern als alter Streber. Mit Recht.

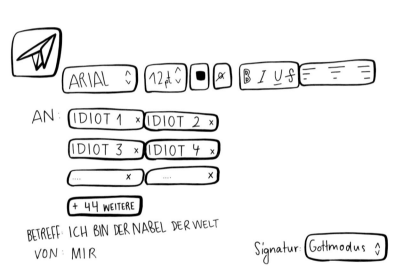

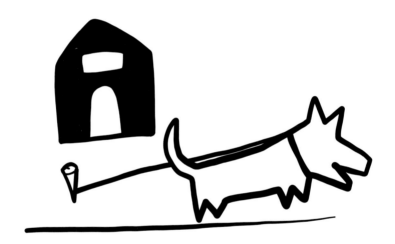

Grenzen akzeptieren. Zuallererst die eigenen.

Gute Kollegen greifen sich gegenseitig unter die Arme und lösen Dinge gemeinsam. Bieten Sie das grundsätzlich immer an. Um dann aber einen Rückzieher zu machen. Natürlich nicht aus Unlust, sondern aus gesunder Selbsteinschätzung – schließlich kann kein Mensch alles können. Durch einfache Sätze – „Sorry, aber damit kenne ich mich leider gar nicht aus.", „Klar, mach ich gern, aber bis ich mich da reingefuchst hab …" „Ou, das habe ich noch nie gemacht. Ist das kompliziert?" – lernen die Kollegen nicht nur Ihre Grenzen kennen, sondern auch die der eigenen Geduld.

Kapitel 3

Richtig falsch Karriere machen

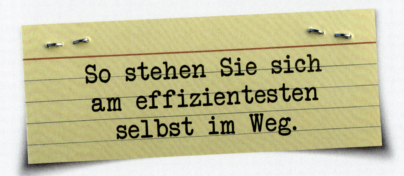

So stehen Sie sich am effizientesten selbst im Weg.

Einleitung

Übersetzt man das Wort „Karriere" mit „berufliche Laufbahn", ist die richtig falsche Laufbahn die, die Sie von der entspannten Joggingstrecke auf einen holprigen Feldweg, in eine Sackgasse oder einfach ins Nichts führt. Um Ihrer Laufbahn diese Richtung zu geben, können Sie zwei Methoden anwenden: maßlose Selbstüber- oder Selbstunterschätzung. Beides führt zum gleichen Ergebnis. Es ist halt immer die Frage, welcher Typ Mensch Sie sind – jemand, der den eigenen Karriereplan für ein unumstößliches Gesetz hält, oder jemand, der glaubt, so etwas wie einen Karriereplan überhaupt nicht verdient zu haben. Für beide Fälle finden Sie hier die wichtigsten Tipps.

Erst fordern, dann liefern.

Wahrscheinlich werden Gehaltserhöhungen auch in Ihrer Firma an die individuelle Leistung der Mitarbeiter gekoppelt. Sich auf so einen Deal einzulassen, ist im Sinne einer richtig falschen Karriereplanung Gift. Bestehen Sie lieber darauf, dass erst die Gehaltserhöhung und dann die Leistung fällig ist. In Zeiten, da es von der Handynutzung bis zum Stromverbrauch alles prepaid gibt, ist es schließlich nur recht und billig, dass Sie sich auch Ihre Leistung vorab bezahlen lassen. Ihre Vorgesetzten werden das natürlich anders sehen. Je mehr Sie trotzdem darauf bestehen, desto mehr Fahrt verliert Ihre Karriere. Versprochen!

Leistungsnachweis Anwesenheit.

Diese Regel geht in eine ähnliche Richtung wie die Prepaidgehaltserhöhung. Hier bestehen Sie darauf, dass Ihre Gehaltserhöhung nichts mit Ihrer Leistung zu tun hat, sondern mit Ihrer Betriebszugehörigkeit. Schließlich ist die ja an sich schon eine Leistung, in dem Saftladen, in dem Sie arbeiten. Wenn Ihr Vorgesetzter also fachliche Zweifel an Ihrer Gehaltsvorstellung anmeldet, probieren Sie einfach mal den Satz „Aber ich bin jetzt schon xx Jahre/Monate/Wochen hier." als Argument aus. Sie werden sehen, wie schnell sich jede frisch geöffnete Karrieretür wieder schließt.

Arbeitsplätze zu Unterhosen!

Der gängige Karriereweg „Lernen, lernen, lernen" hat einen entscheidenden Nachteil: Er dauert. Viel effizienter im Sinne einer richtig falschen Karriereplanung ist „Wechseln, wechseln, wechseln". Wechseln Sie Ihren Arbeitsplatz so oft wie andere Menschen ihre Unterhosen! Je nach Anspruch kann das nach einem Jahr sein (weil Sie als Berufseinsteigerin noch immer nicht Abteilungsleiterin sind, obwohl Sie Ihren Bachelor fast in der Regelstudienzeit absolviert haben) oder schon in der ersten Woche Ihrer Betriebszugehörigkeit, weil es irgendwie nicht so richtig vorangeht. Praktischerweise fangen Sie nach jedem Wechsel in jedem neuen Job wieder bei null an – der beste Weg, um nie wirklich von der Stelle zu kommen.

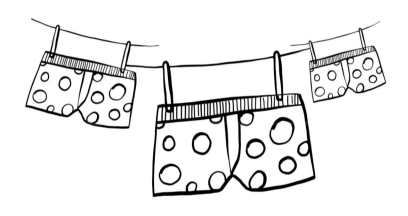

Karriereschritt Nummer 1: Chef werden.

„Lehrjahre sind keine Herrenjahre." Das gilt heute natürlich nicht mehr. Am besten streben Sie als Berufseinsteiger direkt eine Führungsposition an. (Ein paar inspirierende Anregungen dazu finden Sie im Kapitel „Richtig falsch führen".) Der Vorteil des Einstiegs ganz oben ist, dass Sie die Karriereleiter nicht mühsam Sprosse um Sprosse erklimmen müssen. Auch vermeiden Sie es so, sich übermäßig detailliertes Fachwissen oder sogar Führungskompetenz anzueignen. So können Sie in wichtigen Fragen jederzeit unbeschwert aus dem Bauch heraus entscheiden – von der Personalplanung bis zum Börsengang. Natürlich werden Ihnen die wenigsten den Wunsch nach einem Direkteinstieg ganz oben erfüllen. Sollten Sie mit dieser Forderung aber tatsächlich durchkommen, erledigt sich Ihre weitere Karriere von selbst. Die Mischung „Unterqualifikation und Selbstüberschätzung" ist einfach eine sichere Bank.

Suchen Sie sich einen Job. Keinen Beruf.

Beruf kommt von Berufung, von einer inneren Bestimmung. Um richtig falsch Karriere zu machen, sollten Sie zunächst herausfinden, was Ihre Berufung ist. Und dann etwas komplett anderes machen. Sie sind leidenschaftliche Musikerin? Werden Sie Finanzbeamtin! Sie brauchen den Umgang mit Menschen? Werden Sie Vogelkundler auf Mellum! Tun Sie alles, was Ihnen einfällt, aber nicht, was Sie lieben. Die Folge: ein Job, der Sie nicht begeistert. Mit einem Output, der auch Ihre Vorgesetzten nicht begeistern wird. Die ideale Karrierebremse.

Mehr Licht!

Suchen Sie das Licht! Nicht, um darin hell zu erstrahlen, sondern um Ihren Scheffel darunterzustellen. Leugnen Sie jegliches Talent (vor allem im Gespräch mit Vorgesetzten), reden Sie Ihre Leistungen schlecht und Erfolge gleich ganz weg! Und vor allem: Machen Sie sich generell immer kleiner, als Sie sind! Das Geheimnis hinter dieser Taktik: Wenn Sie selbst sich nichts zutrauen, trauen Ihnen irgendwann auch alle anderen nichts mehr zu. Vor allem die nicht, die über Beförderung und Gehaltserhöhung entscheiden. Wirkungsvoller lässt sich die eigene Karriere nicht torpedieren.

Alles an sich abprallen lassen. Zum Beispiel Lob.

Diese Regel ist vor allem dann sehr wichtig, wenn Sie gut in dem sind, was Sie tun. Um dann richtig falsch Karriere zu machen, eignen Sie sich das folgende Mantra an: „Wer mich lobt, hat keine Ahnung." Sagen Sie es möglichst häufig vor sich hin, vor allem natürlich dann, wenn Sie gelobt werden. Das führt nicht nur zu einem stetigen Egoabbau bei Ihnen selbst, sondern auch dazu, dass Sie irgendwann tatsächlich glauben, dass Ihre Vorgesetzten keine Ahnung haben. Je mehr Sie jene das spüren lassen, desto stärker sinkt ihre Wertschätzung. Ein psychologisch hochkomplexes Arrangement mit einem simplen Ergebnis: Ihre Karriere stagniert.

Feedback aussitzen.

Sehr häufig werden Sie in Ihrem Berufsleben an Vorgesetzte geraten, die nach den in diesem Buch niedergeschriebenen Regeln führen – richtig falsch. Dazu gehört auch, Mitarbeitern möglichst nie Feedback zu geben, sei es aus Wurstigkeit, Feigheit oder Desinteresse. Die perfekte Chance für Sie, um richtig falsch Karriere zu machen: Fordern Sie dieses Feedback Ihrerseits niemals ein! Denn je weniger Feedback Sie bekommen, desto weniger können Sie an sich arbeiten. Und je weniger Sie an sich arbeiten, desto weniger kommen Sie voran. Manchmal kann alles so einfach sein.

Kapitel 4

Richtig falsch Projekte steuern

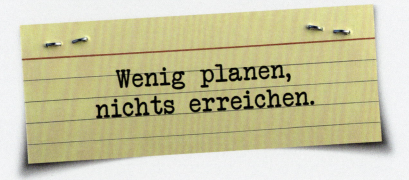

Wenig planen, nichts erreichen.

Einleitung

Qua Wikipedia-Definition ist ein Projekt „ein zielgerichtetes, einmaliges Vorhaben, das aus einem Satz von abgestimmten, gesteuerten Tätigkeiten durchgeführt wird, um unter Berücksichtigung von Vorgaben bezüglich Zeit, Ressourcen und Qualität ein Ziel zu erreichen". Schon dieser dürre Satz lässt erahnen, wie viel sich in der Projektsteuerung richtig falsch machen lässt. Dabei ist die Größe des Projekts egal. Ob neue Website oder Bau eines neuen Hauptstadt-Flughafens: Mit den folgenden Regeln stellen Sie sicher, dass alles Mögliche dabei herauskommt. Nur eben nicht Ihre neue Website oder ein neuer Flughafen. Denn das ist schließlich der Kern der richtig falschen Projektsteuerung.

Befehlskette statt Begeisterung.

Eine Grundregel für richtig falsche Projektsteuerung ist, niemandem zu sagen, was das Projekt eigentlich soll. Am besten, weil Sie es selbst nicht wissen. Das hat den Vorteil, dass niemand im Projektteam den Sinn in seinem Tun erkennt und sich deshalb auch nicht für das Projekt begeistern kann. So entsteht eine Gruppe von Befehlsempfängern, die zwar machen, was man ihnen sagt, darüber hinaus aber nichts weiter tun. Schon gar nicht nachdenken. Krönen Sie das Ganze, indem Sie der Abwesenheit einer Absicht eine hohe Erwartung an die Performance des Einzelnen gegenüberstellen. Zwischen den beiden Polen „Sinnfreiheit" und „Anspruch" entsteht ein hochenergetisches Spannungsfeld, das die Motivation aller Beteiligten in Rekordzeit zerbröseln lässt.

Warum gut, wenn's auch schnell gehen kann.

Es gibt Projekte, die sich schnell zwischendurch erledigen lassen (Schreibtisch aufräumen), und solche, die mehr Zeit brauchen (Unternehmen umstrukturieren). Gehen Sie an die aufwendigen Projekte exakt so heran wie an die unkomplizierten: als würden sie sich mal eben zwischendurch erledigen lassen. Dreh- und Angelpunkt hierfür ist eine absolut unrealistische Zeitplanung. Bemessen Sie die Zeit für die verschiedenen Projektphasen unbedingt so knapp, dass alle Beteiligten gezwungen werden, nach dem Prinzip „Lieber schnell als gründlich" zu arbeiten. Das ist gleich in zweierlei Hinsicht richtig falsch: Erstens stehen alle Beteiligten direkt ab Projektstart unter Dauerstress. Was zweitens zu unendlich vielen Wurstigkeiten und einem am Ende windig zusammengehudelten Ergebnis führt. Mit dem natürlich niemand glücklich ist. Perfekt!

Timings effizient verplanen.

Zu knappe Timings sind die Grundlage für einen richtig falschen Projektverlauf. Viele unterschiedliche Timings sind das Sahnehäubchen. Damit alle mit verschiedenen Zeitvorgaben und Terminen arbeiten können, treffen Sie sich möglichst selten mit allen Beteiligten zugleich. Verabreden Sie stattdessen alles in Einzelgesprächen zwischen Tür und Angel und erinnern Sie sich anschließend nur noch vage daran, was Sie gerade besprochen haben. Wichtig ist, dass Sie diese vagen Informationsstummel trotzdem an Dritte weitertragen. Binnen Kurzem haben alle einen leicht unterschiedlichen Wissensstand. Und während die einen allein in Konferenzräumen auf Meetings warten, die nie stattfinden werden (weil Sie von Ihnen zwischen Tür und Angel verschoben wurden), arbeiten andere noch an Dingen, die sich längst erledigt haben. Mission erfüllt.

Dem Nachwuchs eine Chance. Zu scheitern.

Gerade auf hochkomplexen, sensiblen Projekten können junge Kollegen viel lernen. Deshalb ist es richtig, sie dort einzubinden und unter Anleitung erfahrener Fachkräfte erste Erfahrungen sammeln zu lassen. Im Sinne einer richtig falschen Projektsteuerung überlassen Sie ihnen einfach die gesamte Projektabwicklung. Und zwar ohne erfahrene Kollegen, aber mit der kompletten Verantwortung. Zum Beispiel beim nächsten Merger zweier börsenorientierter Unternehmen. Oder bei der Organisation einer russischen Hochzeit mit 7.000 Gästen. Stellen Sie ein Team aus unerfahrenen Junioren zusammen, versprechen Sie ihnen eine Riesenchance, lassen Sie den Dingen ihren Lauf und verabschieden Sie sich auf Dienstreise! Oder in den Urlaub.

Auch mal die schlechten Dinge sehen.

Manche Projekte laufen im großen Ganzen relativ ruckelfrei. Doch selbst im besten Projekt gibt es immer Teilbereiche, in denen es nicht vorangeht. Im Sinne einer richtig falschen Projektsteuerung fokussieren Sie unbedingt genau darauf. Sommerfest ist organisiert, nur das lustige Einladungs-GIF noch nicht fertig? Präsentation übers Wochenende gerettet, aber noch zwei Rechtschreibfehler in der Vorlage? Abteilung umstrukturiert, aber noch kein final-final-finaler Zeitplan? Da ist natürlich eine klare Ansage fällig. Ignorieren Sie, was geschafft wurde (also fast alles), und meckern Sie über die fehlenden Kleinigkeiten! Das Projekt selbst wird so zwar eventuell erfolgreich abgeschlossen, das Team aber verliert jede Lust, in Zukunft mit Ihnen zu arbeiten. Und das ist ja auch schon was.

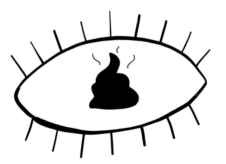

Probleme sind dazu da, ignoriert zu werden.

Je komplexer ein Projekt, desto wahrscheinlicher, dass es zu Problemen kommt. Das ist systemimmanent und nicht schlimm, solange alle Beteiligten Probleme frühzeitig ansprechen. Motivieren Sie Ihr Team, genau das zu tun! Hören Sie zu, erkennen Sie das jeweilige Problem und dann – tun Sie nichts! Einfach laufen lassen, sodass eines zum anderen kommt. Auf diese Weise schlagen Sie zwei Fliegen mit einer Klappe: Die verantwortungsvollen Mitarbeiter, die auf die Probleme aufmerksam gemacht haben, sind hochgradig demotiviert (siehe Kapitel „Richtig falsch führen") und das Projekt kommt obendrein stark ins Wanken. Mit etwas Glück fällt es dann sogar irgendwann um.

Teamaufstellung – eine Kunst für sich.

Beim Thema „Teamaufstellung" unterscheiden wir zwischen „einfach falsch" und „richtig falsch". Einfach falsch ist, ein Team aus möglichst vielen Mitgliedern mit möglichst wenig Ahnung zusammenzustellen. Richtig falsch ist hingegen, ein Team aus echten Experten zusammenzustellen, die sich aber ausnahmslos nicht ausstehen können. So rühren Sie Sprengstoff höchster Qualität an. Ein Gemisch aus Politik, Sabotage und Alleingängen. Das Tolle: Zunächst wird es so aussehen, als käme Ihr Team zum Erfolg. Bevor es sich am Ende fachgerecht in seine sozial nicht kompatiblen Einzelteile zerlegt. Ganz großes Kino!

Störfaktor Mensch.

Vergessen Sie nie, dass ein Projekt immer auch eine soziale Seite hat. Der Manager würde sagen: „Die Menschen wollen mitgenommen werden." Vor allem Zweifler und Bremser. Doch wer hat schon Lust, solche Menschen mitzunehmen? Viel einfacher ist es, sich auf die Problemlösung zu konzentrieren und nicht auf irgendwelche Befindlichkeiten. Das Gute: Es ist nicht nur einfacher, es ist auch richtig falsch. Also machen Sie es genau so! Lassen Sie die Zweifler zweifeln und die Bremser bremsen, während Sie das Projekt nach Plan durchpeitschen. Schon bald kippt die Stimmung und die schlechte Laune feiert fröhliche Urständ. Seien wir ehrlich: Ist doch schön, wenn überhaupt irgendwer was feiert.

Richtig falsch präzise planen.

Es gibt verschiedene Gründe, Projekte extrem präzise zu planen. Zeitknappheit ist so ein Grund. Das Budget ein anderer. Technische Komplexität ein dritter. In allen diesen Fällen empfiehlt es sich, exakte Planungsgrößen zu verwenden. Natürlich die richtig falschen. „In etwa" zum Beispiel oder auch „ungefähr". Wenn Sie genau vier Tage Zeit haben, sagen Sie „ungefähr vier Tage". Wenn das Projekt genau zwei Millionen Euro kosten darf, veranschlagen Sie „in etwa" zwei Millionen. Und wenn das Druckeinlassventil Ihres Kernkraftwerks den Reaktor konstant auf 310 °C halten muss, arbeiten Sie darauf hin, diese Temperatur „bummelig" einzuhalten. Wird schon schiefgehen!

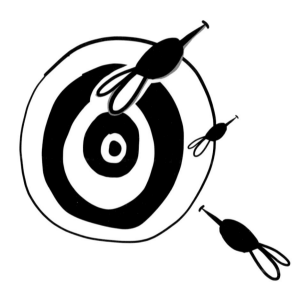

Das Nützt-ja-nix-Prinzip.

Das Nützt-ja-nix-Prinzip entspricht der Logik, ein Auto weiterfahren zu wollen, das kein Benzin mehr hat. Oder einem toten Hund ein Stöckchen zu werfen. Wann immer es in Ihrem Projekt zu Komplikationen kommt, wenden Sie dieses Prinzip an. Zeigt sich zum Beispiel, dass Sie die Zahl der nötigen Teammitglieder richtig falsch eingeschätzt haben und es viel zu wenige sind, um das Projekt vernünftig zu bearbeiten, sagen Sie einfach: „Nützt ja nix, das muss auch so gehen." Und dann: einfach weiterarbeiten. So sprengen Sie nicht nur den Zeit- und Budgetrahmen, sondern auch das Nervenkostüm aller Beteiligten. Und in der Summe das ganze Projekt. Richtig falsch vom Feinsten!

Kapitel 5

Richtig falsch mit Kunden umgehen

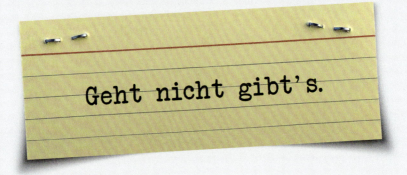

Einleitung

Unser Wirtschaftssystem beruht auf dem Prinzip von Angebot und Nachfrage. Und da wir alle in diesem System arbeiten (bis auf unsere nordkoreanischen Leser), prägt es auch unser aller Arbeitsleben. Ob wir nun etwas produzieren, eine Dienstleistung anbieten oder einen Service – ohne ein Gegenüber, das unser Produkt kauft oder den Service in Anspruch nimmt, läuft der Laden nicht. Es versteht sich von selbst, dass man an diesem neuralgischen Punkt – Anbieter trifft Nachfrager – nicht nur sehr viel falsch, sondern sehr viel richtig falsch machen kann. Die wichtigsten Regeln dafür lesen Sie hier. Der Einfachheit halber bezeichnen wir den Nachfrager als Kunden. Zudem haben wir die Regeln so universell wie möglich gehalten, damit Sie im Umgang mit Kunden in jedem Metier alles richtig falsch machen können, ob Sie nun als Maurer auf den Bauherren treffen, als Vertriebsvorstand auf den Großabnehmer oder bei Ihrer nächsten Drückerkolonnen-Tour auf die verarmte Rentnerin.

Kritik vom Kunden: Hier rein, da raus!

Konstruktive Kritik von Kundenseite gibt Ihnen die Chance, Ihr Angebot ständig zu optimieren. Im Sinne des richtig falschen Arbeitens sollte diese Kritik also tunlichst folgenlos bleiben. Auch weil Ihre Kritikresistenz dem Kunden signalisiert, dass es Ihnen schlicht egal ist, was er von Ihrem Unternehmen oder Ihren Produkten hält. Was ja irgendwie (Hand aufs Herz!) auch stimmt, solange die Rechnung pünktlich bezahlt wird. Das Beste: Ohne Feedback von außen schmoren Sie mit Ihrem Unternehmen weiter im eigenen Saft, Fehler werden kultiviert und Produkte zielsicher am Kunden vorbei entwickelt. Dem „Weiter so!" steht somit nichts im Weg. Ihrer baldigen Insolvenz übrigens auch nicht.

Hören Sie zu!
Vor allem sich selbst.

Das Wort „Kunde" stammt vom althochdeutschen „kundo", das so viel wie Einheimischer, Bekannter, Kundiger bedeutet. Letzteres ist natürlich ein großer Irrtum. Der einzig Kundige weit und breit sind Sie. Und das lassen Sie Ihren Kunden spüren. Indem Sie ihm nicht nur nicht aufmerksam zuhören, sondern ihn mit Fachbegriffen überziehen, ihn zurechtweisen und sein Anliegen konsequent überhören. Er möchte eine Radkappe kaufen? Erklären Sie ihm die Nockenwelle! Er braucht ein neues Laptop? Fragen Sie ihn nach der gewünschten CPU-Leistung! Er hat gemerkt, dass die Grafik auf dem Chart Ihrer Präsentation blanker Unsinn ist? Reden Sie ihn in Grund und Boden, bis er nicht mehr weiß, was er ursprünglich gesagt hat! Und warum er überhaupt Ihr Kunde ist.

Bleiben Sie unerreichbar!

Nichts vergrätzt Kunden effektiver, als für Sie nicht erreichbar zu sein – ob Sie ihn nun stundenlang am Ladentresen warten oder seine Mails unbeantwortet lassen. Durch Unerreichbarkeit schlagen Sie drei Fliegen mit einer Klappe: Kurzfristig verärgern Sie Ihren Kunden. Mittelfristig erzeugen Sie bei ihm das Gefühl, dass er Ihnen gestohlen bleiben kann. Und langfristig müssen Sie sich gar nicht mehr um ihn kümmern. Expertentipp: Ein Tool für Fortgeschrittene ist die wohlformulierte Abwesenheitsmail. „Ich bin bis einschließlich Oktober nicht im Haus. Ihre Mail wird nicht weitergeleitet." Dieser Text ist übrigens besonders wirkungsvoll, wenn Sie ihn ganzjährig einsetzen. Außer natürlich im Oktober.

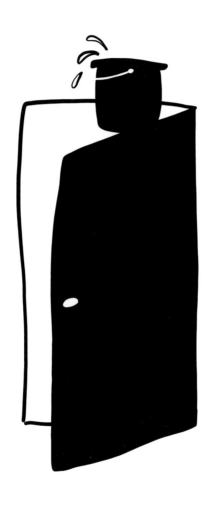

Seien Sie unhöflich und respektlos!

Der Kunde ist König. Und wie man Könige behandelt, ist – außer dem amerikanischen Präsidenten – allen bekannt. Doch gerade der Letztere ist ein leuchtendes Vorbild für den richtig falschen Umgang mit Kunden. Nehmen Sie sich ein Beispiel und kultivieren Sie im Kundenkontakt das Verhalten eines viermal von der Schule verwiesenen Pubertierenden! Sollte Ihnen das zu plump sein, fechten Sie mit dem feinen Florett und nutzen Sie die subtilen Formen des respektlosen Umgangs: regelmäßig zu spät zum Meeting erscheinen, den Kunden ein Viertelstündchen in der Telefonschleife schmoren lassen (während die Kosten für die Wartezeit angesagt werden) oder ihn einfach konsequent mit falschem Namen ansprechen. Die Möglichkeiten sind endlos. Endloser zumindest als Ihre Kundenbeziehungen.

Langfristig kurzfristig denken.

Eine Grundregel für richtig falsche Kundenbeziehungen ist das kurzfristige Denken. Haben Sie einfach nur den nächsten Geschäftsabschluss im Blick – aber niemals das, was dann folgt: Kundenbetreuung, Service-Intervalle, Folgeaufträge. Das sind lästige Details, um die Sie sich später kümmern. Oder gar nicht. Der Trick ist natürlich, dem Kunden gegenüber Ihre Oberflächlichkeit so zu verschleiern, dass er Ihnen auch garantiert auf den Leim geht. Lügen Sie ihm dafür einfach das Blaue vom Himmel herunter. Sätze wie „Das kriegen wir alles hin." und „Wir sind darin sehr erfahren." wirken hier besonders sedierend. Natürlich nur, bis der erste Servicetermin geplatzt und der Folgeauftrag grandios in die Hose gegangen ist. Aber bis dahin haben Sie ja schon ordentlich abgerechnet. Beziehungsweise den nächsten Geschäftsabschluss im Blick.

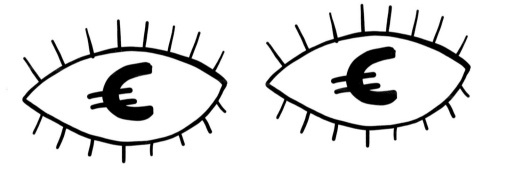

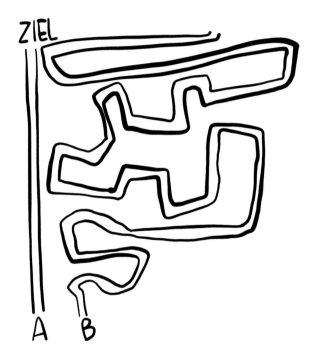

Ganz einfach kompliziert.

Richtig falsch mit Kunden umgehen klappt besonders einfach, wenn Sie es kompliziert machen. Zum Beispiel mit vertrackten Erklärungen, die kein Mensch versteht. Sie selbst eingeschlossen. Fachtermini, ausschweifende Exkurse oder unnütze Details sind hier das Salz in der Suppe. Auch in Präsentationen: Ein simpler Sachverhalt, auf 120 Charts verklausuliert, hat noch jeden Kunden zuverlässig an seinem Dienstleister zweifeln lassen. Kann eine Sache nicht angemessen verkompliziert werden, versuchen Sie es mit Masse. Sieben richtig gut versteckte Kontakt-E-Mail-Adressen auf der Website Ihres Ein-Mann-Imperiums nehmen jedem Kunden umgehend die Lust, eine davon mal auszuprobieren.

Alles erledigt. Inklusive Ihrer Kundenbeziehung.

Kunden sind es gewohnt, dass man sie umgarnt. Etwas obendrauf packt. Und immer ein bisschen mehr macht, als erwartet wird. Und sofern Sie nicht gerade Handwerker und die nächsten fünf Jahre ausgebucht sind, ist es richtig, diesem Anspruch zu genügen. Richtig falsch ist es, dem anspruchsvollen Kunden diesen Zahn direkt zu ziehen. Am besten mit dem dafür erfundenen Universalwerkzeug: dem Dienst nach Vorschrift. Ganz gleich, ob Sie im Einzelhandel, in der Gastronomie oder in der Allgemeinmedizin tätig sind: Erledigen Sie immer nur das Allernötigste. Selbstredend, ohne darüber nachzudenken, was Sie da genau tun und vor allem warum. Mehr kann kein Kunde verlangen. Zumindest nicht von Ihnen.

Die hohe Kunst des Fehlbesetzens.

Es kann sein, dass Sie sich bei einigen Punkten dieses Kapitels nicht angesprochen fühlen. Weil Sie zum Beispiel eine Führungsposition bekleiden und gar keinen direkten Kundenkontakt mehr haben. Lehnen Sie sich nicht zurück! Denn gerade in Ihrer Position können Sie einen wirklich sinnvollen Beitrag zum Gelingen schlechter Kundenbeziehungen leisten. Und zwar indem Sie die richtig falschen Mitarbeiter mit Ihren Kunden zusammenbringen: den autistischen Technik-Nerd an die Hotline, den phobisch gestörten Strategen in den Außendienst und die cholerische Teamleiterin ins Beschwerdemanagement. Praktischer Nebeneffekt: Nicht nur Ihre Kunden werden unglücklich, sondern auch Ihre Mitarbeiter. Richtig falscher geht es nicht.

Missverstehen Sie sich richtig (falsch).

„Es hieß, dass die Fenster gestrichen werden sollen. Von den Rahmen war nie die Rede!" Missverständnisse dieser Art sind der Humus, auf dem katastrophale Kundenbeziehungen ihre volle Pracht entfalten. Estrich verlegen war im Juni geplant, Sie aber haben eindeutig Juli verstanden? Perfekt! Doch das Missverständnis an sich ist natürlich nur die halbe Miete. Rund wird es erst, wenn Sie alles dafür tun, um es nicht aus der Welt zu schaffen. Bleiben Sie also konsequent untätig, auch wenn Ihnen irgendwas komisch vorkommt. Oder Ihnen der Kunde unpräzise oder unvollständige Zuarbeiten liefert. Fragen Sie keinesfalls noch mal nach! Besser: Fantasieren Sie sich einfach irgendwas zusammen! Mit etwas Glück ist es vielleicht etwas Ähnliches wie das, was der Kunde meinte. Und das ist ja besser als nix!

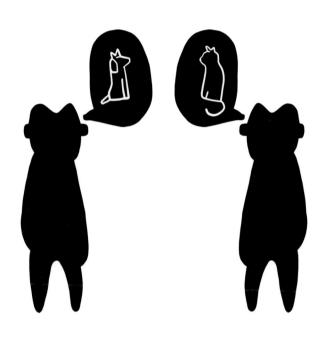

Im Zweifelsfall: Machen Sie den Selbsttest!

Was für die langfristige, gute Kundenbeziehung gilt, gilt auch für die kurzfristige, schlechte: Selbstreflexion ist das A und O. Verrichte ich tatsächlich nur Dienst nach Vorschrift? Bin ich ausreichend respektlos? Denke ich kurzfristig genug? Weil aber dieses Vorgehen durchaus Arbeit verursacht und Zeit kostet, machen Sie einfach den Schnelltest. Er ist ruckzuck zwischen zwei seit fünf Wochen unbeantworteten Kundenanfragen erledigt. Fragen Sie sich einfach: „Wäre ich gern mein eigener Kunde?" Können Sie diese Frage mit einem aufrichtigen „Um Gottes willen!" beantworten, wissen Sie, dass Sie auf Kurs sind und nichts weiter tun müssen. Der Rest erledigt sich von selbst.

Kapitel 6

Richtig falsch mit Vorgesetzten umgehen

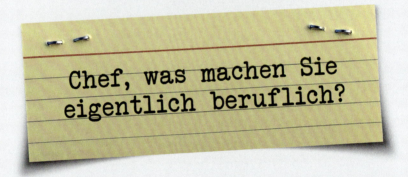

Einleitung

Im Grunde haben alle Menschen Chefs (ausgenommen Mark Zuckerberg, der Dalai Lama, Kim Jong-un). Selbst der Vorstandsvorsitzende eines DAX-Konzerns hat einen Aufsichtsrat über sich, der ihm auf die Finger schaut (oder es tun sollte). Nun ist es eine statistisch belegte Tatsache, dass es mehr Untergebene als Vorgesetzte gibt. Was zum einen daran liegt, dass nicht jeder Vorgesetzter sein will, aber auch nicht sein kann: Im Indianerstamm ist auch nur Platz für einen Häuptling. Ergo: Wo viele Indianer und nur wenige Häuptlinge herumlaufen, steckt ein riesiges Potenzial, um sehr viel richtig falsch zu machen. Vor allem den Häuptlingen gegenüber. Was Sie dabei unbedingt beherzigen sollten, lesen Sie in den folgenden Regeln. Machen Sie was draus und sich bei Ihrem Chef unbeliebt!

Entscheidend: nichts selbst entscheiden.

Wofür hat man Chefs? Zuallererst, um Verantwortung abzuschieben. Und zwar die, die eigentlich Sie übernehmen sollen. Zugegeben: Manche Vorgesetzte verlangen von ihren Angestellten das sogenannte eigenverantwortliche Arbeiten. Diese Methode der Mitarbeiterführung ist moderner Management-Hokuspokus. Denn der Haken daran: Sobald Sie eine Entscheidung treffen, könnte es ja eine Fehlentscheidung sein. Deshalb lautet eine der wichtigsten Regeln im Umgang mit Vorgesetzten: alles nach oben delegieren und nichts selbst entscheiden. Alles nachfragen und sich permanent absichern („Chef, Klopapier ist alle, sollen wir nachbestellen?"). Wofür hat man schließlich Chefs?

Sie sind der Experte.
Ein bisschen.

Gefährliches Halbwissen ist der Feenstaub fürs richtig falsche Arbeiten. Lassen Sie diesen auf Ihren Arbeitsalltag herabrieseln, steht dem Scheitern nichts im Weg. Gefährliches Halbwissen geschickt eingesetzt (also immer), treibt auch Ihren Vorgesetzten in den Wahnsinn. Wichtig dafür ist, dass Sie sich mit den Regeln und Vorschriften Ihrer Branche auskennen. Aber nur ein bisschen. Steht dann eine Entscheidung an, gerieren Sie sich zum Sachverständigen und liefern Ihre halbgare Expertise ab. Natürlich, ohne dass man Sie darum gebeten hat. Schränken Sie Ihre Einschätzung dann sofort wieder ein: „Laut DSGVO geht das so nicht. Glaube ich. Müssen wir den Chef fragen." So machen Sie sich wichtig und dem Vorgesetzten Arbeit. Eine klassische Win-win-Situation.

Ein Chef, ein Wort.

Richtig falsch mit Vorgesetzten umgehen funktioniert besonders gut, wenn Sie Ihre Rolle als Untergebener richtig falsch verstehen – nämlich als reiner Befehlsempfänger. Und diesen zeichnet aus, dass er Anweisungen nicht hinterfragt. Lassen Sie also kurzerhand das Nachdenken weg und nehmen Sie Ihren Vorgesetzten beim Wort. Sagt Ihr Chef beispielsweise, dass er den ganzen Nachmittag nicht gestört werden will, dann sorgen Sie auch dafür. Dass die Kita zwischenzeitlich anrief, weil sie wegen akuten Läusebefalls spontan schließen muss, können Sie ihm am Abend erzählen. Er wird sich für Ihre wortwörtliche Umsetzung seiner Anweisung bedanken. Vielleicht sogar mit einer Abmahnung. Glückwunsch!

Ich sehe was, was du nicht siehst. Nämlich Probleme.

Es ist falsch, Chefs mit Problemen zu nerven, die man selbst lösen kann. Richtig falsch ist es, Chefs mit Problemen zu nerven, die es gar nicht gibt. Treten Sie dafür als besonnener Mahner auf, der stets den Finger in die Wunde legt. Ganz gleich, wie reibungslos ein Projekt läuft oder ob etwas perfekt gelöst schien – Sie finden noch ein Haar in der Suppe. Oder erfinden es. Dann posaunen Sie möglichst laut heraus, dass was schiefläuft. So lassen Sie im Handumdrehen selbst das bestlaufende Projekt wie einen Rohrkrepierer aussehen. Und Ihren Chef als unfähig. In Sachen Chef-Desavouierung ein Elfmeter ohne Torwart.

Chefs führen Angestellte. Sie führen Protokoll.

Als tüchtiger Arbeitnehmer konzentrieren Sie sich. Jedoch nicht auf Ihre Arbeit, sondern auf Fehler. Und zwar die Ihrer direkten Vorgesetzten wie Teamleiter, Schichtführer oder Vorarbeiter. Führen Sie dafür Protokoll! Notieren Sie jeden noch so kleinen Fehltritt Ihres Vorgesetzten! Kommt es irgendwann zum Konflikt zwischen Ihnen und Ihrem Vorgesetzten, reagieren Sie dank Ihrer Mitschriften ganz gelassen. Und komplett unsouverän. Statt zu Ihrem Fehler zu stehen, zücken Sie das Fehlerprotokoll und halten Ihrerseits dem Teamleiter vor, was dieser auch schon mal falsch gemacht hat. Vor zehn Jahren. Richtig falsch mit Vorgesetzten umgehen auf allerhöchstem Niveau.

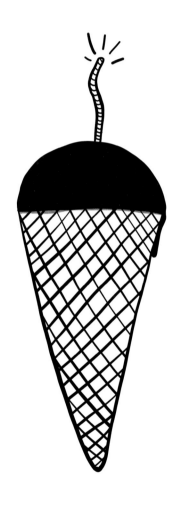

Sorgen Sie für Stimmung. Und zwar für schlechte.

Effektiv und obendrein ein echter Klassiker, um Kritik an Vorgesetzten loszuwerden: Machen Sie alles schlecht! Also nicht nur Ihre Arbeit, sondern all das im Unternehmen, wofür Vorgesetzte die Verantwortung tragen: Strukturen, Produktzyklen, Personalentscheidungen, Kantinenessen etc. Bleiben Sie dabei möglichst unkonkret. Lamentieren reicht völlig aus, um nichts zu erreichen. Denn das ist das wirklich Tolle dieser Form der indirekten Kritik an Chefs: Sie bringt überhaupt nichts. Außer die Chefs auf die Palme. Der Firma ein vergiftetes Klima. Und Ihnen die Bestätigung, ein hinterfotziger Querulant zu sein. Ist natürlich auch was!

Mich fragt ja keiner! (Ist auch besser so.)

Ein kniffliges Konstruktionsproblem lösen oder das Computerprogramm in Gang bringen: Vorgesetzte sind auf Fachleute im Team angewiesen. Und darauf, dass diese ihre Lösungen von sich aus vorschlagen. Nur gut, dass Sie genau das nicht machen, sondern alles richtig falsch: Sie lassen Ihre Vorgesetzten mit den ungelösten Problemen versauern, obwohl Sie eine Lösung parat haben. Doch Sie fragt ja keiner! Sie sind der wissende Fachmann, der immer einen roten Teppich ausgerollt bekommen möchte, bevor er sich zur Mitarbeit herablässt. So jemanden finden übrigens nicht nur Chefs widerlich, sondern auch alle anderen Teammitglieder. Voilà, zwei Fliegen mit einer Klappe geschlagen.

Beschweren Sie sich richtig (falsch)!

Ihr Vorgesetzter bietet Ihnen an, dass Sie bei Problemen immer zu ihm kommen können. Von diesem Angebot sollten Sie unbedingt Gebrauch machen. Und zwar mehrmals täglich. Beschweren Sie sich über alles und jeden! Jammern Sie! Sind Sie damit fertig, beschweren Sie sich über die Probleme anderer (ohne dass die etwas davon wissen). Oder denken Sie sich einfach irgendeinen Schlamassel aus. Achten Sie jedoch immer auf eines: Bringen Sie niemals einen eigenen Lösungsvorschlag ein! Das nimmt Ihrer Meckerei nur den destruktiven Charakter, den es nun mal braucht, damit Vorgesetzte Mitarbeiter wie Sie nicht ausstehen können.

Warum höflich, wenn's auch unverschämt geht?

Das Mitarbeitergespräch ist ein wahres Eldorado, um im Umgang mit Vorgesetzten alles richtig falsch zu machen. Ein fein austarierter Mix aus Unverschämtheit, Rechthaberei und Kritikunfähigkeit hat sich dabei bewährt. Ob Sie direkt mit dem Thema „Gehaltserhöhung" einsteigen oder Ihre Unersetzbarkeit an den Anfang stellen, bleibt Ihnen überlassen. Vergessen Sie jedoch nicht, Karrierethemen zu besprechen, zum Beispiel Ihre Beförderung in die Geschäftsleitung. Immerhin liegt Ihr Praktikum schon zwei Wochen zurück. Und sollte es wider Erwarten Kritik an Ihrer Arbeit geben, kontern Sie diese mit der Bitte um einen Firmenwagen. Spätestens jetzt ist die Stimmung im Keller. Und Ihre Kündigung zeitnah im Briefkasten.

Reden Sie!
Am besten aneinander vorbei.

Eine katastrophale Kommunikation ist das ideale Fundament für den richtig falschen Umgang mit Vorgesetzten. In der Praxis haben sich dafür etliche Techniken bewährt, zum Beispiel aufeinander ein-, aneinander vorbei- oder gar nicht miteinander reden. Alternativ: dem Vorgesetzten nicht zuhören oder das von ihm Gesagte sofort wieder vergessen. Achten Sie unbedingt darauf, den Ursprung des Kommunikationschaos – Sie haben nicht richtig zugehört – zu verdrängen, sodass Sie sich keiner Schuld bewusst sind. Schmollen Sie dann tagelang vor sich hin. Damit geben Sie auch den Fronten ausreichend Zeit, in Ruhe auszuhärten. Und so greift eines ins andere …

Dank

Unser Dank gilt Ralf Joest und dem gesamten Verlagsteam, Lars Dittrich, Nadine Heinrich und dem Team der OSTKÜSTE Apartments Usedom (Hinfahren!), Matze (Coco Lounge), Jana, Carlotta, Hektor, Ludwig und Sabine, Stefan Werner, Stefan Maiwald, Josefa und Christof Kendzia, allen, die uns gezeigt haben, wie man richtig falsch arbeitet, und allen, die unter uns richtig falsch arbeiten mussten. Karsten bedankt sich bei seiner Familie und besonderer Dank für ihre Geduld geht an Karolin Masch.

Impressum

Originalausgabe
Becker Joest Volk Verlag GmbH & Co. KG
Bahnhofsallee 5, 40721 Hilden, Deutschland
© 2019 – alle Rechte vorbehalten
1. Auflage Mai 2019

ISBN 978-3-95453-173-8

Autoren: Fabian Kendzia, Lorenz Ritter
Illustrationen: Karsten Schaarschmidt
Projektleitung: Johanna Hänichen
Typografische Konzeption, Layout:
Dipl.-Des. Anne Krause
Buchsatz: Maja Filipek
Lektorat: Doreen Köstler
Druck: optimal media GmbH

BECKER JOEST VOLK VERLAG
www.bjvv.de